JN438429

오늘의문학시인선
445

그리움을 스캔하다

石右 윤명상 시집

오늘의문학사

그리움을 스캔하다

石右 윤명상 시집

발 행 일 | 2019년 4월 5일
지 은 이 | 윤명상
발 행 인 | 李憲錫
발 행 처 | 오늘의문학사
출판등록 | 제55호(1993년 6월 23일)
주　　소 | 대전광역시 동구 대전로867번길 52(한밭오피스텔 401호)
전화번호 | (042)624-2980
팩시밀리 | (042)628-2983
전자우편 | hs2980@hanmail.net
카　　페 | cafe.daum.net/gljang(문학사랑 글짱들)
cafe.daum.net/art-i-ma(아트매거진)

공 급 처 | 한국출판협동조합
주문전화 | (070)7119-1752
팩시밀리 | (031)944-8234~6

ISBN 978-89-5669-995-0
값 9,000원

* 이 도서의 국립중앙도서관 출판예정도서목록(CIP)은
서지정보유통지원시스템 홈페이지(http://seoji.nl.go.kr)와
국가자료종합목록시스템(http://www.nl.go.kr/kolisnet) 에서 이용하실 수
있습니다. (CIP제어번호 : CIP2019010768)

그리움을 스캔하다

서문

초등학교 5학년, 생애 처음
동시를 쓰기 시작하면서
꿈꾸게 된 문학가의 길.

하지만 오랜 세월 침묵하다가
선뜻 말을 뱉어내려니 조심스럽습니다.

신앙과 교훈적인 시를 주로 쓰다가
순수문학에 관심을 가지면서
시가 주는 묘미에 빠지게 되었고
비로소
첫 시집을 출간하기에 이르렀습니다.

누구에게나 공감이 되고
정서적으로 공유할 수 있는
그런 시집이 되었으면 합니다.

2019년 봄, 石右 尹明相

목차

제5부 그리운 흔적들

제1부

—

그리운 이에게

가끔은

가끔은
멀리서 바라보는
사랑이 더 아름답습니다.

사랑은
소유할 때
흠이 보이지만,
멀리서 바라보면
그리움이 보이기 때문입니다.

그대 생각

밤은 깊어 가는데
머릿속은 생생하네요.

왠지
알아요?

그대 생각이
머물고 있기 때문입니다.

그곳에 가면

그곳에는 아직도
그대 미소가 남아있습니다.

풀잎에도
벤치에도
그대 눈길 머문 곳마다
곱게 배어 있는 미소,

계절이
몇 번을 지났어도
미소는 사라지지 않는군요.

그곳에

내가
그 도시를
사랑하는 까닭은
경치가 아름답다거나
연고가 있어서가 아닙니다.

단지
그대가
그곳에 머물기 때문입니다.

그대 머문 자리

계절은
바뀌어 가는데
그대 머물던 자리에는
새순이 돋아나네요.

계절 없이
불쑥 돋아나는
그리움이 그것입니다.

그렇게
그리움으로 돋아
내 마음의 꽃이 됩니다.

그대의 미소

그대 미소는
꽃보다 아름다운
향기랍니다.

그러니
누구라도 좋아하고
반하는 것이지요.

그 미소를
제발 잃지 마세요.
그대 미소가 있어
세상이 향기롭거든요.

달맞이꽃처럼

달맞이꽃이
나처럼
수줍음이 많네요.

밤새, 달을 그리워하다
해가 뜨면
시무룩해지는 모습이
수줍은 나를 보는 듯합니다.

그리움에
젖어 있다가도
막상 그대를 만나면
수줍어, 아닌 척하거든요.

달빛 미소

달빛은
환한 미소로
창문을 두드리는데

당신은
달빛 미소로
내 마음을 두드리는군요.

그대의 흔적

비구름
살며시 지나간 자리
풀잎에 맺힌
영롱한 물방울처럼,

내 마음에는
살며시 다녀간
그대의 고운 흔적이
영롱하게 매달려 있네요.

우산

우산을 펼쳤습니다.
콩 볶는
고소한 소리를 내며
그리움이
우산 위로 떨어지네요.

빗방울마다
그대의 목소리와
눈빛과 표정이 되어
내 가슴에 새겨집니다.

별을 보며

그리울 때
별을 보는 까닭은
별빛 속에
그대 모습이 있기 때문입니다.

가슴 가득히
그리움이 채워지면
하늘에는
그대만 반짝이죠.

달콤한 그리움

꿀보다
그리움이 더 달더군요.
다디달아서
자꾸 맛을 보게 됩니다.

달콤한 그리움이
이제는 익숙해져
당신이 그리울 때마다
행복한 웃음이 동반합니다.

별을 사랑하는 이유

나는 밤하늘의
별을 사랑합니다.

그대 눈빛이
별처럼 반짝이고,

별은
그대 눈빛처럼
반짝이기 때문입니다.

별이 되어

가끔은
별이 되는 상상을 합니다.
별이 되어
창밖을 내다보는
그대 모습을 보고 싶거든요.

혹시라도
그대의 눈길과 마주치는
행복한 순간이 온다면
더는 바랄 것이 없겠습니다.

별처럼

사랑은
이별 뒤에
별이 됩니다.

태양이 지면
별이 반짝이듯
태양 같은
사랑이 지난 뒤에는

그리움만
별처럼
반짝이기 때문입니다.

당신 생각

당신을 생각하며
하루를 시작했는데

저녁이 되어서도
당신 생각이
사라지지 않습니다.

아무래도
당신에게 중독된 모양입니다.

당신

당신이
보고 싶을 때는
밤하늘의 별을,

당신이 그리울 때는
멀리 떠가는 구름을,

그대와 말하고 싶을 때는
꽃을 보며 이야기합니다.

당신은 내게
별이고 구름이며
아름다운 꽃이니까요.

당신도 나처럼

내 마음에
당신이 있는 것처럼
당신의 마음에도
내가 있었으면 좋겠습니다.

분주함에
잊을 때도 있지만
그럼에도
다시 찾게 되는 것은
당신이거든요.

내가 당신을
그리워하는 것처럼
나도 당신의
그리움이었으면 좋겠습니다.

내 가슴에

그대가
스쳐 간 자리에는
추억의 바람이 불고

그대가
머물다 간 자리에는
그리움이 피어난다.

그대가
남긴 사연들은
별처럼 반짝이고

그대의
부르다 만 이름은
추억으로 가는 창문이 되었다.

내 가슴의 파도

파도는
바다에만 있지 않습니다.

가슴에서는 더 애절하게
그리움의 파도가
철썩거립니다.

때로는 해일이 일고
광풍이 불듯이

그리움이 넘치거나
광풍처럼 휘몰아칠 때면
내 가슴은 태평양보다
더 큰 바다가 됩니다.

당신 없이도

당신을
그리워했습니다.

그리운 만큼
당신을 갈망했지요.

이제는
그리움이 익숙해져서
당신 없이도
당신을
그리워하게 되었습니다.

벤치에서

은행잎
수북이 쌓인
벤치에 앉았다.

그대 마음에도
벤치가 있었다면
나는 주저 없이 앉았으리라.

몇 번인가
그대 마음을 서성이다
돌아섰던 아픔이 몰려온다.

은행잎 내려앉은
이 의자가
그대라면 좋으련만.

그대 눈빛

그대는
밝게 웃었지만
눈빛은 늘
고요에 젖어 있었습니다.

호수의
잔잔한 물결처럼
겨울밤의
외로운 별빛처럼.

그대는
내게 말했지요.
언제 같이
호수에 놀러 가자고.

그 이후로
그대의 눈빛은
호수의 물비늘처럼
내 마음에 아른거렸습니다.

보고 싶을 때

누군가
보고 싶어질 땐
창문을 열고
내다보는 습관이 있다.

요즘처럼
추운 날씨에
습관처럼 창문을 열었다가
깜짝 놀라곤 한다.

찬바람과 함께
그리운 그대가
불쑥 들어오기 때문이다.

진눈깨비

진눈깨비가
어설피 내립니다.

먼 추억이
그리움에 녹아
반쯤은 생시로 오듯이

겨울도
지난봄이 그리운 듯
반쯤 녹아서 내립니다.

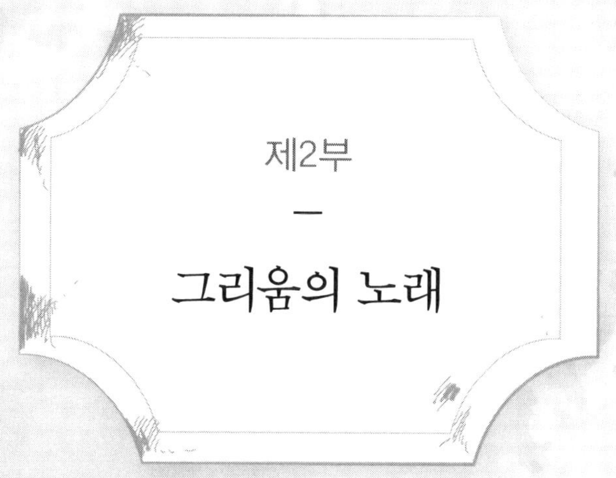

제2부

그리움의 노래

그리움의 노래

그리움은
너무 흔한 소재라며
신선한 글감을
찾아야 한다고들 합니다.

그러나 어쩌지요?
내게 그리움은
글감이 아닌
영혼의 노래거든요

글을 쓰기 위한
그리움이 아니라
그리워서
그리움을 노래하는 것입니다.

그리움 때문에

누군가는
그리움 때문에
병이 난다는데
나는
그리움이 없다면
어찌 살까 싶습니다.

명화를 감상하듯
그리움을 음미하고
맛난 음식을 먹듯
그리움을 곱씹으며
모든 시름을 잊게 하는
내게는 그런 그리움이거든요.

그리움

그리움은
세월에 잊히지 않습니다.
쌓이고 쌓이며
곱게 영글어 가지요.

아픔이 밴 사연이라도
세월에 숙성된 뒤에는
아픔은 걸러지고
그리움만 남게 됩니다.

그렇게
잘 익은 그리움은
한 편의
멋진 영화가 되거든요.

그리움도 아픔이다

몸살이 오니
기운도
없을 뿐더러
몸이 말을 듣지 않습니다.

그런데도
그리움은 밀려오고
더 깊어지는 것을 보면
그리움도 몸살 같은
아픔인 까닭입니다.

그리움에 젖다

비가 내릴 때는
빗방울에 옷이 젖지만
맑은 날에는
그리움에 마음이 젖습니다.

빗물에 젖은 옷은
금세 마르는데
그리움에 젖은 마음은
몇 번이고
짜내고 또 짜내야만 합니다.

그리움으로

나는 알지요.
아무 소식도 없이
잊힌 듯 살지만

한 가닥 그리움으로
혹시 모를
먼 훗날을 꿈꾼다는 걸.

그것이 아니더라도
그리움은
삶을 견디는
이유이기 때문입니다.

그리움은 사랑이다

그리움이
성숙하지 못하면
외로움이 됩니다.

외로움이
지나치면 원망이 되지만
사랑을 입히면
그리움이 되지요.

그리움은
사랑을 꿈꾸게 하고
사랑은
그리움을 꿈꾸게 합니다.
그래서
그리움은 사랑입니다.

그리움은 선물이다

그리움 때문에
마음이 아프다면 욕심입니다.
그리움을 탓하기보다
집착을 내려놓으면
오히려 마음의 약이 되지요.

그리움은
곱게 포장된 선물이거든요.

선물 받은 설렘으로
포장을 뜯으며
그리움도 하나씩,
벗겨 내는 즐거움은
혼자만 느낄 수 있는 행복입니다.

그리움을 꺾다

그리움은
꺾고 꺾어도
소용이 없더라고요.

수시로 돋아나는
그리움을 꺾어보려 했지만
결국 포기하고 말았지요.

그리움이
어느새
운명이 되었나 봅니다.

그리움을 스캔하다

그리움엔
보이지는 않는
바코드가 있습니다.

그리움을 스캔하면
희미했던 사연들을
조목조목
또렷하게 보여주지요.

내 가슴은
항상 예열되어 있어
언제 어느 때든
그리움을
스캔할 수 있습니다.

그리움의 열기

당신을 품은
내 가슴은
그리움의 열기로
뜨겁게 타들어 갑니다.

대지를 데우는
한여름 태양처럼 강렬하고
향기 가득한
한 송이 장미처럼 아름다운,

그래서
그리움은
한여름의 뜨거운 장미입니다.

무게

내 머릿속에는
그대에 대한
추억으로 가득하고

내 가슴에는
그대에 대한
그리움으로 가득한데

내 몸무게는
전혀 변동이 없다는 게
참으로 신기합니다.

그리움의 이유

힘들거나
여유가 있거나
그리움은 변함이 없지요.

그것은
어떤 조건이나 이유가 아닌
당신의 있는 그대로를
좋아했기 때문이거든요.

오늘도 이유 없이
보고 싶은 것은
있는 그대로의 당신입니다.

그리움의 파도

파도는
바다에서만
일렁이는 게 아닙니다.

그리움도
파도가 되어
가슴에서 일렁이지요.

해일이 오는 날엔
나는 종일
파도에 시달려야만 합니다.

그리움의 힘

그대 그리움은
폭염에 비할 게 아니죠.

무더위는 여름 한 철이지만
뜨거운 그리움은
헤아릴 수 없는 날 동안
가슴을 지펴왔습니다.

그럼에도
행복이었던 것은
그리움이 모든 것의
견디는 힘이었기 때문입니다.

그리움이 고프다

전화가 왔다.
같이 식사를 하자는
친구의 목소리가 들린다.

배고파서가 아니라
친구를 만나는 것이 좋아
흔쾌히 수락했다.

나이가 쌓일수록
그리움은 고파 오고
수다를 떨며
그리운 허기를 채운다.

그리움이 깊을수록

쌓이는 세월은
겹겹이 그리움이다.

그리움이
세월 속에
깊이 박힐수록

가슴에
소용돌이를 치고서야
그리움은 피어난다.

그리움이 되는 것

살며 느꼈던
이런저런 상처들도
돌아서 보면
애틋한 그리움이다.

어쩌면
지금의 가슴앓이도
되돌아보는 날에는
사랑이었노라고
그리워하겠지.

아픔도 아물면
그리움이 된다.

그리움이 익어간다

그리움도
계절을 타나 봅니다.
가을이 되니
그리움도 무르익네요.

홍시처럼 달콤하고
알밤처럼 토실하고
석류처럼 탐스럽게
그리움이 익어가네요.

그리움이 지나간 자리

태풍이
지나간 것처럼
그리움이
지나간 자리에는
크고 작은 아픔이 있다.

아물지 않는
상처는 아니지만
크기에 따라
행복이거나
괴로움이거나
가슴에는 항상 여운이 남는다.

그리움이란

마음에서
그리움을 빼버리면
마음은 석고처럼
굳어버리고 말지요.

그리움이 있기에
사색을 하고
꿈을 꾸며
사랑을 꽃피울 수 있거든요.

그리움을
애써 외면하지 마세요.
그리움이 있어
사랑이 아름다워지니까요.

그리움 주의보

안전문자가 왔네요.
홍수주의보 내렸으니
조심하라고.

그리움에도
주의보가 있으면 좋겠습니다.
너무 깊어
빠질 수 있으니 조심하라는.

하지만
그리움에 빠져
둥둥 떠내려가고 싶네요.

느낌이 좋은 날

오늘은
느낌이 좋은 날입니다.

커피를 마시면
왠지 마음이 설레고
골목길을 걸으면
그대가 불쑥 나타나
팔짱을 낄 것만 같습니다.

맑은 하늘과
따스한 햇볕까지
느낌이 좋은 날입니다.

미명

보일 듯 말 듯
그리움에도
미명이 있습니다.

아련한
그대 모습이
어슴푸레 떠오르며
드러나는 기억들.

새벽처럼
미명의 그리움은
어둠 속의 신비입니다.

제3부

그리움과 커피

그리움을 마시다

조금씩
아주 조금씩
맛을 음미하며 혀끝으로
커피를 마셨습니다.

그리움을 섞어
그대를 추억하는데
굳이,
빨리 마실 필요는 없잖아요.

천천히
아주 천천히
그렇게
그리움을 마셨습니다.

모닝커피

커피가 때로는
마음을 설레게 한다면
믿으시겠어요?

그 설렘으로 마시는
한 모금의 커피가
상쾌한 아침을 선물합니다.

아침에 맛보는
은은한 커피 향은
마음을 활짝 열어주거든요.

커피 마실 때

누군가는
맛을 따지면서 마시지만
나는
커피라서 마신다.

커피를 타면서
맛을 기대한 것이 아니라
커피를 마시면서 느낄
그리움을 기대하기에
맛없는 커피란 없다.

커피 맛

커피를 타서
창문틀에 놓고
바깥을 내다보는데

그 사이
햇볕 한 스푼
바람 한 스푼 들어가더니
커피 맛이 달라지네요.

싱그러운 아침과
상쾌한 초가을이 어우러져
당신에 대한
그리운 맛이 됩니다.

커피 사랑

하루에도
몇 번은
너를 보아야 맘이 놓여.

마음을 사로잡는
너의 향기와 온기는
하루를 버티는 힘이지.

부드러운
너와의 입맞춤은
상큼한 기쁨이거든.

너의 매력은
너를 마주할 때
감성이 깊어지는 거야.

커피를 타며

커피를 타며
그리움도
한 덩어리 넣었습니다.

뜨거운 열기에
그대 생각이
모락모락 피어오르네요.

커피 맛은
그래서
그리움인가 봅니다.

커피가 생각날 때

비 내린
하늘을 보니
커피 생각이 나네요.
눅눅한 마음을
상큼한 커피 향으로
씻어내고 싶어서겠지요.

커피 맛은
종종 일기예보처럼
마음의 상태를 보여 주거든요.
그리움이 밀려올 때
블랙커피가 생각나는 것처럼.

사랑에 대한 질문

사랑이
무엇이냐고
내게 물었다.

사랑은
커피를 마실 때도
너만
그리워하는 것이라고

나는
내게 말해주었다.

커피를 기다리며

주문한 커피를 기다리며
나는 알았습니다.
내가 얼마나 목말라 있는지.

커피를 기다리는 동안
그리움이
목을 타고 올라왔거든요.

커피 향보다 더 진하게
밀려오는 그리움에
오늘 커피 맛은
왠지 싱거울 것만 같습니다.

커피보다

그대를 생각하며
커피를 마셨습니다.

마시다 보니
그대 생각이 깊어지네요.

결국
그대 생각에 빠져
커피 맛은
까맣게 잊었습니다.

커피를 마시며

커피를 타면서
다른 첨가물은
아무것도 넣지 않습니다.

그대를 생각하며
마시는 커피는
충분히 고소하고 달콤하며
부드럽기 때문입니다.

창가에서

창가에 앉아
커피를 마십니다.

햇볕이 기웃대며
내 커피를 탐내네요.

맛을 음미하며
천천히 마시려다
서둘러 마셨습니다.

햇볕이 그리움을
감춰 놓을까 봐.

커피를 마실 때

혼자 커피를 마실 때면
당신을 생각하게 되네요.

따뜻한 온기와
모락모락 피어나는 김,
그것은
당신을 느끼는 감촉이거든요.

그래서인지
커피를 마시며
조용히 기도하게 됩니다.

커피 맛처럼 깊고
커피 향처럼 은은하게.

커피를 맛있게 마시는 방법

원두커피든
봉지 커피든
상관이 없습니다.

딱 한 가지.

그리움 한 스푼만
더 넣으면
진짜 맛있는 커피가 되거든요.

커피와 보약

커피를 마시는데
누군가가 내게
보약처럼 먹는답니다.

듣고 보니
보약이 맞았습니다.
꼬박꼬박 챙겨 마시거든요.

커피를 마시면
당신에 대한
그리움도 왕성해지니까요.

커피의 느낌

아침을 먹고
구수한 커피 한 잔으로
입가심을 합니다.

밥을 먹는 것보다
커피 마시는 이 시간을
더 기다린 듯이.

왠지
커피를 마시기 위해
아침을 먹은 느낌입니다.

커피잔을 들고

너무 뜨거워
선뜻 입에 댈 수가 없다.

커피잔을 들고
호호 불어가며
달래고 어르며
입술을 살짝 들이민다.

아직은
커피 맛 보다는
커피 향으로 만족하며
다시 입김을 불어댄다.

시간이 지나고
열기를 내린 다음에야
그 깊은 맛을
입안 가득 머금게 된다.

아, 이것이
그대와 나의 관계다.

흐린 날의 단상

커피 생각이 나기에
곰곰이 생각해보니
하늘이 온통
우울하다는 것을 알았습니다.

어쩐지
커피가 당기면서
그리움이 몰려왔거든요.

그리움을 달래며
커피를 마시고 나니
하늘은 다시
낭만으로 가득했습니다.

커피 생각

가을 햇살에
커피 생각이 나네요.

커피에 끌리는 것은
커피 맛을 느끼며
당신을 생각할 수 있고
달콤한 추억을
떠올릴 수 있기 때문입니다.

그리움을 녹여
커피를 마시다 보면
당신과 함께 있는 것 같아
그리움이 깊을수록
커피 생각은
더 간절하게 됩니다.

가을비와 커피 한 잔

빗방울이
창문을 타고
내 마음의 그리움처럼
애잔하게 흘러내립니다.

커피 한 잔을 들고
창밖을 내다보며
그대를 떠올려 봅니다.

빗줄기 같은 추억과
빗방울 같은 그리움이
커피잔 속에서
모락모락 피어오릅니다.

가을 커피

가을은
커피의 계절입니다.
같은 커피라도
훨씬 더 맛이 깊어지거든요.

당신에 대한
생각과 그리움이
더 깊어지는 것과
무관하지 않습니다.

가을은 커피에
커피는 그리움에 녹아들고
그리움은 다시
가을 커피의 향이 되더군요.

커피와 그리움

추위는
뜨거운 커피에
녹여 마시고

마음속까지
파고드는
겨울바람은
그리움에 타서 마십니다.

커피에 그리움이면
매정한 한파도
온기가 되어
가슴을 데우기 때문입니다.

커피 한 잔 속에

12월의
마지막 날,
블랙커피를 마주했다.

모락모락
김이 피어나며
지난 1년의 이야기를
내게 전해 준다.

커피 한 모금의 사랑과
커피 한 모금의 그리움과
커피 한 모금의 추억이
내 가슴 속으로
부드럽게 빨려 들어온다.

모두가 사랑이었고
모두가 그리움이었음을
지나간 뒤에라도
느낄 수 있다는 것은
얼마나 다행스러운 일인가.

커피 한 잔 속에
이처럼 많은 사연이
녹아 있을 줄은
마시기 전에는
나는 미처 모르는 일이었다.

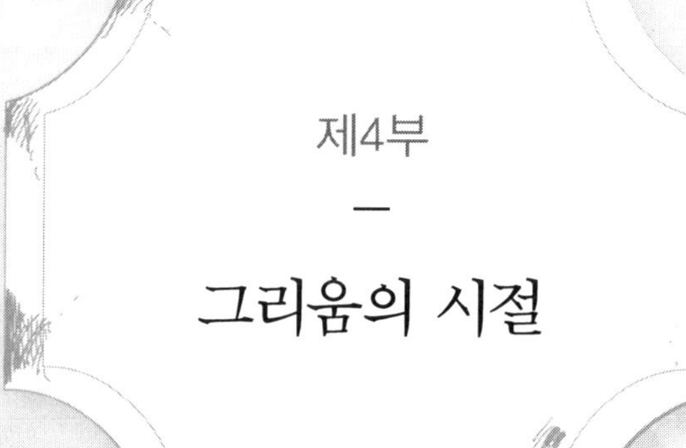

제4부

—

그리움의 시절

가슴의 별

그대에게 주려고
밤마다 별을 따서
가슴에 담았습니다.

내 가슴에는
그대를 위한
반짝이는 별로 가득하지요.

별이 보고 싶을 땐
언제든 찾아오세요.
모두 그대의 별이니까.

가위바위보 1

너랑
가위바위보 하면
나는 항상
바위를 낼 거야.

너는
보를 내면 돼.
너에게
잡히고 싶거든.

가위바위보 2

너랑
가위바위보 할 때가
가장 재미있어.

하지만
큰 의미는 없지.

왜냐면, 이겨도 좋고
져도 좋으니까.

너의 웃는
모습만 보면 되거든.

가위바위보 3

담에
우리 만나면
가위바위보 하자.

'지면 꿀밤 맞기'

나는 가위를 낼게
넌 주먹만 내면 돼.

왠지
네가 주는 꿀밤은
달콤할 것만 같거든.

추억 속으로

빗물이
땅속으로 스미듯
그리움은
내 가슴으로 스며들고,

빗물이
시내로 흘러가듯
그리움은
내 추억 속으로 흘러간다.

곰 인형

피아노 위에 걸터앉은
하얀 곰 인형이
까만 눈동자로
나를 바라보네요.

내가 누군가를
그리워한다는 것을
눈치 챈 모양입니다.

들켜버린
그리움을 안고
건반을 두드려 봅니다.

노래하는 이유

생각하며
부르는 노래는
노래가 좋아서 부르는 것이고,

나도 모르게
흥얼대는 노래는
무심코 너를
그리워하고 있다는 증거야.

무지개

비가 그친 뒤
무지개 한 송이
곱게 피었네요.

내 님도
소나기처럼
잠시 다녀간 뒤에는

내 마음에 항상
그리운 무지개 하나
띄워 놓거든요.

미련만 남기고

구름이 떠나가네요.
창공을 거슬러
아무 말 없이
그대가 그랬던 것처럼
멀리 가고 있습니다.

보내는 서운함을
알고 떠나면 좋으련만
언제나 그랬던 것처럼
이별이란
무심코 찾아오는 것.

미련만 남기고
구름이 떠나고 나면
나는 두고두고
그리움을 채워갈 것입니다.

미소를 보면

화창한 하늘이
그대의 미소라면 좋겠다.

미소를 보면
기분이 좋아지는 것처럼

맑고 깨끗한 하늘로
미소 짓는 그대라면

나도 덩달아
종일 행복할 것만 같다.

밤비

밤비가
어둠을 적시며
가슴에
그리움으로 스며듭니다.

가슴을 쥐어짜면
그리움이 강물만큼
쏟아질 것만 같습니다.

그리움이 범람하여
홍수주의보가
내려질지도 모르는데
밤새 멈추질 않네요.

밤하늘

별빛이 없는
밤하늘은 싫습니다.
주인공 없는
텅 빈 무대 같거든요.

당신 없는 세상도
상상할 수 없습니다.

당신이 있어
세상이라는 무대가
꽉 찬 느낌이거든요.

가을을 기다리며

기차가
플랫폼으로
천천히 들어오듯
가을이 서서히 다가옵니다.

당신과 함께
가을이라는 열차를 타고
낭만 속으로
그리움 속으로
단풍 속으로 떠나고 싶네요.

낙엽 속에서
가을이 멈출 때까지.

가을의 편지

어느 가을날
사랑하는 이에게
편지를 썼습니다.

그리움이 사무쳐
도무지 견딜 수 없었거든요.

하지만
단풍이 다 지도록
답장은 오지 않았습니다.

이후로 가을은
답장 없는 편지를
가슴에 쓰는 계절이 되었습니다.

추억은 빗물처럼

가을비
내리는 거리를
조용히 걷고 싶지만

그대 없는 길
더 외로울 것 같아
지난 추억을 들추며
비에 젖은 골목길을
바라볼 뿐입니다.

거리에는
그리움으로
몸부림치다 쓰러진 낙엽들이
내 마음처럼 누워있고

추억은 빗물처럼
어디론가 흘러갑니다.

코스모스 필 때면

가을 이때쯤
코스모스꽃이 피면
나는 누구보다 설렙니다.

사방 어디서든
그대 닮은 어여쁨이
손짓하며 부르고

내 마음에서
코스모스로 피던
그대가
가을볕에 웃고 있으니까요.

코스모스

가녀린 목 길게 빼고
여태 나를 기다렸나 보다.

활짝 핀 얼굴로
저리 좋아 반길까.

온몸을 흔들며
맞아주는 고운 미소에

오늘은 너로 인해
행복이 모자라진 않겠다.

태양과 나

내가 태양을
품었다면 어떨까.
그래서 태양만큼 뜨겁고
태양만큼 밝을 수 있다면.

그대 마음속의
어둠까지 밝혀주며
불태우는 열정으로
사랑할 땐데.

그러다가도
정작 그대를 보면
구름 뒤에 살짝 숨는
수줍음은 어쩔 수 없지만.

포로

내가 너를 가두었어.
너는 내 포로야.

낮밤 없이
내 생각 속에
너를 가둬두고 있거든.

답답하더라도
어쩔 수 없어.
어쩌면,
종신형일지도 몰라.

푸른 하늘에

구름을 걷어낸 하늘이
후~
불기만 해도
물보라가 일 것처럼 푸르네요.

조각배 하나 띄우고
그대와 함께
바람 부는 대로
떠다니고 싶은 하늘입니다.

하트

무심코
마음속에
하트를 그렸습니다.

꾸물꾸물 싹이 트더니
어느새
걷잡을 수 없이 커져 버린
사랑이 되었습니다.

이제는 내가
사랑을 소유한 것이 아니라
사랑이
나를 사로잡고 있습니다.

행복의 이유

너 없이도
나는 늘 행복했어.

왠지 알아?
너랑,
같은 하늘 아래 있잖아.

나는 그거면 돼.
그래서 고마워.

행복한 병

그리움은
누구나 쉽게
감염되는 이유로 병입니다.

그러나
행복을 주는
아름다운 병이지요.

그리움의 바이러스가
마음에 가득할수록
그는 행복한 환자입니다.

행복할 때

숨이 막히도록
행복할 때가 있지요.

당신을 마주 보며
사랑을 느끼던 순간입니다.

가슴이 터질 듯이
행복할 때가 있어요.

지금처럼,
당신에 대한 그리움이
밀려올 때입니다.

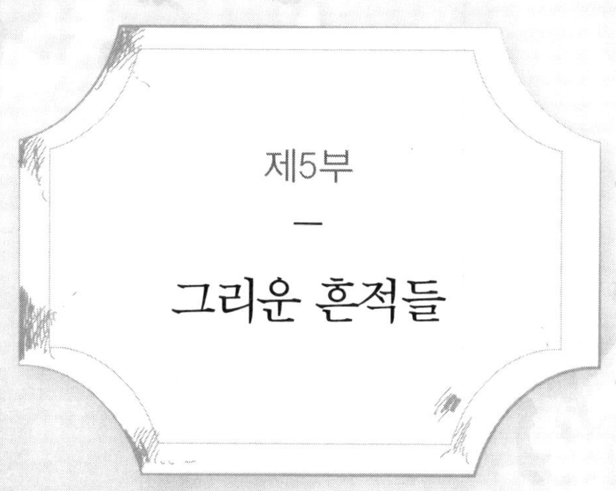

제5부

—

그리운 흔적들

보물상자

내 가슴에는
보물상자가 있습니다.

그대가 놓고 간
미소와 상냥한 목소리,
고운 이미지가 담겨 있습니다.

당시에는 몰랐지만
시간이 지나고서야
값진 보물이라는 사실을
알게 되었습니다.

그대가 그리운 날,
나는 보물을 꺼내놓고
행복한 감상을 합니다.

붉은 노을

붉은 노을
남기고 떠난 태양처럼
당신은
내 가슴에
그리움을 남겼습니다.

한동안 노을빛이
하늘을 수놓았다가
어둠에 묻히는 것처럼
내 마음을 수놓던 그리움은
세월에 묻혀 추억이 되었습니다.

하루가 지나면
또 다른 노을이 생기듯
추억은 수시로
그리움이 되어 나타납니다.

블랙홀

밤을 잊게 하고
나의
시간을 멎게 하는 것은
내 마음 속
그리움이라는
블랙홀 때문입니다.

빠져 들면
나는 잠시 사라지고
그리움만이
아무 일도 아닌 양
태연히
마음을 독차지합니다.

비구름

오늘 같은 날엔
그리운 사연을 담아

소록소록
빗방울을 뿌려주면 좋으련만,

덜 익은 비구름에
잔뜩 찌푸린 하늘입니다.

빗방울 세며
추억하고 싶은
그리움이 많거든요.

비가 내리는 날

비는,
빗방울만
내리는 것이 아닙니다.

어느 땐 추억으로
어느 땐
그리움으로 내립니다.

오늘 내리는 비는
오랜 기다림이 부푼 때문인지
추억으로 내려
그리움으로 흘러내리는군요.

빈 의자

봄바람 스치고 간
빈 의자가
사색을 합니다.

누군가를
기다리나 봅니다.

내 마음에도
의자가 있습니다.

그대가 앉아 있던 자리에는
마냥,
그리움만 스쳐 갑니다.

빈자리

내 마음에는
빈자리가 하나 있습니다.

숱한 생각들이 오가는
번잡한 마음 복판이지만
당신을 위해 비워둔 자리입니다.

내 마음에
당신이 머물
자리가 있는 것만으로도
나는 마냥 행복합니다.

너와 함께라면

사랑 없는 기다림은
심심하고 짜증이겠지만

너와 함께
기다려야 한다면
몇 날 며칠
어떤 기다림이라도
마냥, 행복할 거야.

빗방울

당신이
내 마음을
노크할 때처럼,

빗방울이
토닥토닥
창문을 두드리네요.

창문은 열 수 없지만
내 마음은
언제든 열 수 있지요.

상상

비 오는 날에는
즐거운 상상을 한다.

우산을 쓰고
너와 함께
어디라도 가는 거야.

우산 속 공간은
방해 받지 않는
우리 둘만의 세상이니까.

새벽 그리움

자다가
잠에서 깼습니다.
그런데, 새벽 세 시네요.

기왕에
새벽 별빛에
눈인사나 하려고
창문으로 내다보았더니
구름만 잔뜩 끼었습니다.

할 수 없이
내 가슴 속에
별이 되어 빛나고 있는
그대를 떠 올리며
새벽 그리움을 달랩니다.

소나기

예보도 없던
소나기가 갑자기 내리네요.

당신도
소나기처럼
아무 때나
예고 없이
찾아왔으면 좋겠습니다.

석양

노을을 그리며
유유히
서산을 넘는 석양에서
나는,
너의 뒷모습을 보았지.

내 가슴에
그림자만 길게 남긴 채
총총 사라지던 그 모습.

세상에서

세상에서
가장 예쁜 꽃은
너의 미소.

세상에서
가장 예쁜 그림은
너의 맵시.

세상에서
가장 예쁜 노래는
너의 목소리.

세상에서
가장 예쁜 보물은
너의 마음.

쉼터

궁남지
연못길을 걷다가
통나무 듬성한
쉼터가 있기에
마음에 담아 왔습니다.

언젠가
그대와 함께 앉아서
서동과 선화의
사랑 이야기를
나누고 싶었거든요.

슬픈 노래

당신이 보고 싶을 때는
슬픈 노래를 부릅니다.

슬픈 노래를 부르다가
정말 슬퍼지면
당신만 떠올릴 수 있기에,

당신 생각이 깊어지면
그리움 하나 남기고
슬픔은 훌쩍 떠나 버립니다.

약속

오래전
나는 나와
약속한 게 있었어.

너를
잊지 않겠다고.

그런데
그 약속은
잘못된 약속이었지.

내 안에 있는 너를
잊는다는 것 자체가
말이 안 되는 거잖아.

어느 가을의 추억

가을 어디쯤엔가,
당신이 남겨놓은
추억 하나.

희미했다가도
갈바람이 불어오면
그리움으로 피어나는
당신의 환한 미소.

그 미소가 다시
추억으로 피어납니다.

얼룩

빗방울이
창문에 흘러내리며
얼룩을 남기는 거야.

그러고 보니,
너의 마음에도
얼룩이 생겼겠다 싶었지.

네 마음에
스며들지 못하고 흘러내린
나의 눈길 때문에.

옆자리

버스를 탔습니다.
옆자리가 비어 있네요.

이럴 때는 당신이
내 마음에서 나와
옆자리에
같이 앉았으면 좋겠습니다.

초인종

초인종이 울린다.
누구세요?
묻기도 전에
이미 들어와 있는 그대.

허락도 없이
마음 복판에 앉아
나의 모든 것을
금세 마비시키고 만다.

그리움은
그런 것인가 보다.

우연과 필연

만남에 우연 없고
헤어짐에
필연도 없다지만,

우연처럼 만나
필연처럼 헤어질 때
더 그리운 법입니다.

언젠가는
그 필연이 거짓이었다고
말할 수 있는
그리움이었으면 좋겠습니다.

잔영

그리움의
구름이 밀려오네요.
소나기가
쏟아질 것만 같습니다.

우산은
필요 없어요.

그리움으로
흠뻑 젖고 나면
마음에는
그대 잔영이
가득 고이거든요.

장마

장마가
올라온데요.

설마, 그리움만 보내놓고
오지 않는 그대처럼
구름만 보내놓고
사라지진 않겠지요.

이참에
그리움도
장마 졌으면 좋겠습니다.

징검다리

세월의 강물 위에
그리움의 징검다리를 놓습니다.

그리움 하나에 징검다리 하나
그리움 하나에 징검다리 둘
그리움 하나에 징검다리 셋,

몇 개의 그리움을 더 놓아야
당신에게
다다를 수 있을지 모르지만

오늘도 그리움 하나를 떼어
징검다리를 놓습니다.

봉숭아 씨앗처럼

당신이
남겨 놓은 그리움이
가을볕에 익어갑니다.

영글고 나면
봉숭아 씨앗처럼
'톡' 하고
터질 것 같습니다.

그렇게 흩뿌려진 그리움은
마음 구석구석 자리 잡고
또 다른
가을을 기다리겠지요.

가을 그리움

그리움이
깊어진 뒤로는
가을하늘에 편지를 쓰는
습관이 생겼습니다.

구절초 지고
바람에 낙엽 뒹굴며
돌림병처럼
고독이 엄습해 와도

하늘 가득히
그리움을 쓰고 나면
가을은
온통 그대뿐입니다.

가을 연가

바람에
흔들리는 갈대처럼
내 마음이
이리도 여렸나 봅니다.

까마득한
세월을 뒤로하고
오늘의 이야기인 듯
그리움으로 만나는 그대이기에

스치는 바람에도
흔들리는 갈대에도
나의 마음은
사정없이 흔들려야 했거든요.

가을 연서

잊을 수 없어
그리움이 되고
그리워서
잊을 수 없는 그대.

가슴 속 별이 되어
반짝일 때마다
깨어나는 사연들.

몇 번째인지 모를
가을을 보내면서
마음에 쓰는
아름다운 사랑 이야기.

첫눈처럼

첫눈을
바라보며
그대를 생각하는 것은

첫눈도
그리움처럼
가슴에 내리기 때문이고

첫눈이
가슴에 쌓이는 것은
그리움이기 때문입니다.

정서적 보살핌과 그리움의 영지(領地)

- 윤명상 시집 『그리움을 스캔하다』를 읽고 -

문학평론가 리 헌 석
(사) 문학사랑협의회 이사장

1.

2017년 봄에 처음으로 윤명상 시인의 작품 5편을 감상한 바 있습니다. 가난한 영혼을 인도하는 목회자의 자세가 작품에 투영되어 있었습니다. 오랜 기간 그는 한국청소년교육선교회 대표로 젊은 영혼들을 구원하는 일과 목회사역에 신명을 다하고 있었고, 자연 현상과 문명의 파편을 통하여 세상살이를 비유적으로 형상화하고 있었습니다.

그리하여 〈음지의 매섭던 찬바람도/ 볕든 골목길에서는/ 어머니의 손길처럼〉 따뜻한 정서를 환기하고 있다는 시심을 형상화하였으며, 현대 문명의 산물에 정서를 이입하는 작품, 〈추위에 지친 낡은 간판들은/ 볕든 틈에/ 반짝이는 에메랄드〉라는 노래를 빚습니다. 이는 '행인'들로 대유되는 '모든 사람들'이 봄을 맞아 웃음꽃을 피우는 세상, 정겹고 아름다운 '사람살이'를 소망하는 내면의 반향입니다.

오늘 내리는 봄비는
사랑이었다.
추억이었다.
그리고 그리움이었다.

<중략>

오늘 내리는 봄비는
마냥 행복한
그리운 사랑이었다.

—「봄비 맞으며」 일부

함께 발표한 작품들의 제목 「겨울 골목길」 「겨울 가로수」 「세밀에서」 등이 엄동의 정서를 담아내고 있습니다. 이는 젊은 목회자로서 바라보는 세상살이의 보조관념으로 보입니다. 여러 작품에서 드러나는 '겨울'은 힘들고 괴로운 세상의 보조관념으로 작용합니다. 그래서 그는 죽은 듯이 움츠리고 있던 「잡초처럼」 봄이 되면 살아나라고 권합니다. 〈밟히고 꺾이어도/ 다시 고개 세우고// 원망도 탄식도 없이/ 바람에 몸을 맡기고// 말없이 하늘을 향해/ 기도〉하며 살아남으라고 기도합니다.

자연의 섭리는 일관(一貫)하는 것이어서, 겨울이 가면 봄이 오게 마련입니다. 만물이 소생하는 봄이 되면 '봄비'도 내리게 마련입니다. 잠자던 풀과 나무들이 깨어나고, 겨울잠을 자고 있던 씨앗들도 눈을 뜨고 꽃을 피울 것이기에, 윤명상 시인에게

'봄'은 '사랑' '추억' '그리움' '행복' 등의 메신저로 기능합니다.

2.

간헐적으로 발표하는 윤명상 시인의 작품을 감상하던 중, 2018년 봄에 그의 작품 7편을 정독하게 되었고, 헤아릴 수 없을 정도로 변화가 커서 놀랐습니다. 만 1년 만에 다시 감상하는 작품은 '겨울의 우울'과 '정서적 동상(凍傷)'에서 벗어나 있습니다.

겨울과 관련지어지는 제목 「첫눈」에서도 겨울은 고통의 배경으로서가 아니라, 사랑과 그리움의 정서적 공간으로 변환(變換)되어 있습니다. 자신을 찾아온 첫눈에도 그는 무심할 수 없습니다. 〈그냥 보낼 수 없어/ 창문을 열고 내민 손에/ 오랜 추억이 내려와〉 앉는 대상으로 수용합니다. 〈부드럽게 다가와/ 손바닥에 새겨 놓는〉 첫눈의 이야기들을 〈수줍은 고백〉으로 승화시켜 작품의 예술성을 높입니다. 이와 같은 변화의 중심에 있는 작품 한 편을 감상합니다.

추억은
홀로 그리는 추상화이며
그리움은
당신을 보며 그리는 데생입니다.

<중략>

피어나는 그리움에 색을 입히면

당신은
아름다운 현실이 됩니다.
—「그리움을 그리다」 일부

단순한 제재를 간명하게 정리한 작품입니다. 자신이 간직하고 있는 추억은 누구에게도 발설하기 싫은 법입니다. 어쩌면 자신만이 간직하고 싶은 추억이어서 타인과 공유하고 싶지 않을 법도 합니다. 그렇지만, 그리움은 현실에서 만날 수 있는 대상에 대한 정서로 정리합니다. 그 대상을 현실에서 마주할 수도 있어 세밀한 묘사까지도 활용합니다. 그렇게 데생(묘사)한 그림에 색을 입히면 현실과 이어질 것 같습니다.

이러한 그리움은 시인의 생활과 정서에 활력을 불어넣습니다. 〈아침에 나누는/ 부드러운 대화는/ 하루를 버티는 힘〉이라고 합니다. 〈마음에 꽃이 피듯/ 기쁨이 피어올라/ 하루의 여정〉이 가벼워진다고 합니다. 〈미소와/ 부드러운 대화는/ 하루를 복되게 하는/ 당신의 선물〉(「아침이 주는 선물」)이라고 합니다. 그는 또한 「커피 한 잔의 여유」도 찾아내는 심리적 안정에 이릅니다. 〈머금은 커피 속에/ 세상의 낭만이 녹아들고/ 가슴 깊이 퍼지는 커피 향은/ 행복했던 지난 추억〉을 끌어냅니다.

이처럼 2017년 봄의 시에서 보이던 윤명상 시인의 '정서적 우울'은 급격한 변화를 보입니다. 2018년 봄의 시들에서는 '청랑하고 담결한 시심'을 채색합니다. 이런 창작 경향은 다시금 1년 만에 상상할 수 없을 정도의 변모를 불러왔을 것이매, 2019년 봄에 발간하는 1시집의 작품들을 정독하기에 앞서, 지금까지 진행되어온 변화 과정을 확인해 보았습니다.

3.

윤명상 시인은 1시집『그리움을 스캔하다』'서문'에서 〈신앙과 교훈적인 시를 주로 쓰다가/ 순수문학에 관심을 가지면서/ 시가 주는 묘미〉에 빠졌음을 고백합니다. 그는 2018년 하반기에 들면서 갑자기 깨우친 바가 있어, '순수문학'을 지향하게 되었다는 점, 그리고 '시가 주는 묘미'에 이끌려 다양한 작품을 쉽게 빚어냄을 밝힙니다. 특별한 주제에 얽매지 않으니, 자유로운 정신과 정서로 작품을 빚게 되고, 그로 인해 다작(多作)할 수 있었다며 스스로 놀라워합니다.

이때 빚어진 작품의 중심 정서는 '그리움'입니다. 초기 그리움의 대상은 신앙이었고, 그 중심에는 신앙의 주체가 자리하고 있었습니다. 그는 성경의 '아가서'에 집중하였으며, '하나님이 보시기에 좋은 노래'를 지어 부르고자 했습니다. 이 과정에서, 하나님이 선택한 사람들과 하나님을 따르는 사람들에 대한 관심이 환기되고, 그 선상에 있는 '우리'의 삶과 정서에 몰입하게 됩니다. 그는 지향의 폭을 넓히면서, 창작의 중압감에서 벗어나 사람살이의 면면을 자유롭게 '그리움'으로 채색합니다.

그리움엔
보이지는 않는
바코드가 있습니다.

그리움을 스캔하면
희미했던 사연들을
조목조목
또렷하게 보여주지요.

내 가슴은
항상 예열되어 있어
언제 어느 때든
그리움을
스캔할 수 있습니다.

—「그리움을 스캔하다」 전문

전통정서로서의 '그리움'은 이룰 수 없는 사이, 나누었던 사랑이 멀어진 사이, 특정상황에 따른 이별의 정한(情恨) 등이 중심을 이루어 왔습니다. 그러나 현대인의 가슴에 남아 있는 그리움의 양상은 다양성을 확보합니다. 그리움도 이제는 컴퓨터 과학의 발달에 맞추어 발상 역시 현대화 양상을 띱니다. 스캔(scan)하여 다양한 그리움을 명징하게 확인할 수 있으며, 그 양상에 따라 헤아릴 수 없는 그리움을 찾아냅니다. 그리하여 '그리움'에 집중하여, '잠언'과 같은 언어의 보석을 찾아내기에 이릅니다.

쌓이는 세월은
겹겹이 그리움이다.

—「그리움이 깊을수록」 일부

그리움도 몸살 같은
아픔인 까닭입니다.

—「그리움도 아픔이다」 일부

아픔도 아물면
그리움이 된다.

—「그리움이 되는 것」 일부

이와 같은 잠언적 경지는 수많은 고뇌와 번민의 시간 위에 쌓여진 탑과 같습니다. 언어의 탑을 쌓기 위한 기초 공사가 다양하고 치밀하게 이루어졌을 터, 그 작품들을 공유하기로 합니다. 〈가끔은/ 멀리서 바라보는/ 사랑이 더 아름답습니다.〉(「가끔은」 일부), 〈그렇게/ 그리움으로 돋아/ 내 마음의 꽃이 됩니다.〉(「그대 머문 자리」 일부), 〈내가 당신을/ 그리워하는 것처럼/ 나도 당신의/ 그리움이었으면 좋겠습니다.〉(「당신도 나처럼」 일부), 〈새벽처럼/ 미명의 그리움은/ 어둠 속의 신비입니다.〉(「미명」 일부) 등에서 표현의 경이로움을 만날 수 있습니다.

시를 빚기 위한 중심 제재로서의 '그리움' 자체를 작품에 담기도 합니다. 「그리움의 노래」에서 〈그리움은/ 너무 흔한 소재라며/ 신선한 글감을/ 찾아야 한다고 합니다.〉에서 정서의 일반성을 제시합니다. 이렇듯이 막연한 그리움을 막연하게 노래한 작품들이 많은 것도 사실입니다. 〈그러나 어쩌지요?/ 내게 그리움은/ 글감이 아닌/ 영혼의 노래거든요.〉 그에게 있어 '그리움'이 '영혼의 노래'라는 인식은 윤명상 시인만의 독자적인 신념으로 보입니다. 그리하여 시인은 〈글을 쓰기 위한/ 그리움이 아니라/ 그리워서/ 그리움을 노래합니다.〉라고 내면의 지향을 밝힙니다. 이런 지향이 아름답기 때문에 그의 작품 역시 아름답게 마련입니다.

4.

윤명상 시인은 커피에 대한 로망이 '그리움'과 함께 작품에 투영되어 나타납니다. 사람마다 기호식품이 있게 마련이고, 그에 대한 문학적 형상화는 오랜 역사를 지니고 있습니다. 역사에서나 문학 작품에서 '술'에 대한 노래는 끊임없이 발표되었고, 또한 '차(茶)에 대한 작품도 통시성(通時性)과 공시성(共時性)을 띨 정도로 다양합니다. 현대시에서는 커피에 대한 작품도 자주 발표되고 있으며, 윤명상 시인은 이에 대하여 좀 더 집중하는 경향입니다.

그는 「그리움을 마시다」에서 커피와 그리움을 동일시합니다. 〈조금씩/ 아주 조금씩/ 맛을 음미하며 혀끝으로/ 커피를 마셨습니다.〉 〈그리움을 섞어/ 그대를 추억하는데/ 굳이,/ 빨리 마실 필요는 없잖아요.〉 〈천천히/ 아주 천천히/ 그렇게/ 그리움을 마셨습니다.〉에서 실제로는 커피를 마시는 것이지만, 커피와 함께 그리움을 마시는 양상의 형상화입니다. 이는 동양의 다도에서 추구하는 끽다(喫茶)의 과정과 유사합니다. 심신을 가라앉히고 호흡을 고른 뒤, 찻잔을 들어 차 향을 음미하고, 천천히 차를 마시는 것과 크게 다르지 않습니다.

커피를 타서
창문틀에 놓고
바깥을 내다보는데

그 사이
햇볕 한 스푼
바람 한 스푼 들어가더니
커피 맛이 달라지네요.

싱그러운 아침과
상쾌한 초가을이 어우러져
당신에 대한
그리운 맛이 됩니다.

—「커피 맛」 전문

작품의 1연은 다른 사람들의 일상과 크게 다르지 않습니다. 그러나 2연에 이르러 시인만의 직관을 만납니다. 창문틀에 커피를 놓고 잠시 바깥을 바라보는 사이에 '햇볕 한 스푼' '바람 한 스푼'이 섞이어 새로운 커피가 탄생합니다. 이와 같은 시인의 감성은 '싱그러운 아침' '상쾌한 초가을'의 이미지를 결합하여 당신에 대한 '그리운 맛'을 생성합니다. 이러한 시의 창작 과정은 아무나 이를 수 있는 경지가 아닙니다. 시인만의 섬세한 감성과 남다른 예지가 결합하여 빚어낸 예술입니다.

이러한 형상화는 여러 작품에서 산견(散見)됩니다. 〈커피를 타며/ 그리움도/ 한 덩어리 넣었습니다.〉(「커피를 타며」 일부)에서 보이는 비유도 신선합니다. 〈사랑은/ 커피를 마실 때도/ 너만/ 그리워하는 것〉(「사랑에 대한 질문」 일부)이라는 시각도 개성적입니다. 〈커피를 기다리는 동안/ 그리움이/ 목을 타고 올라왔거든요.〉(「커피를 기다리며」 일부) 역시 그만의 감성입니다. 커피에 삶의 다양성을 담아내는 윤명상 시인은 '커피와 그리움, 사랑을 노래한 시인'으로 남달리 기억되리라 믿습니다.

5.

시를 쉽게 쓰는 일은 행복한 작업일 터입니다. 그러나 쉽게 쓰면서도 독자들로부터 사랑을 받는 일은 참으로 어려운 작업입니다. 작품마다 새로운 감동을 생성하는 일은 시인에게 씌워진 굴레이며 족쇄일 터입니다. 다양한 층을 형성하고 있는 독자들의 기호를 충족시키는 일은 난망(難望)한 일이기 때문입니다.

이를 알고 있는 윤명상 시인은 1%의 사실에 99%의 상상을 입혀 작품을 빚는다고 말합니다. 그리움의 대상 역시 가족이나 연인으로 볼 수도 있지만, 상상 속의 인물에 자신의 정서를 이입(移入)한 것임을 밝힙니다. 그리하여 작품을 감상하는 독자들이 모두 행복하기를 바랍니다. 「행복할 때」에서 시인은 〈숨이 막히도록/ 행복할 때가 있지요.〉〈당신을 마주 보며/ 사랑을 느끼던 순간입니다.〉〈가슴이 터질 듯이/ 행복할 때가 있어요.〉〈지금처럼/ 당신에 대한 그리움이/ 밀려올 때입니다.〉 노래하며, 독자들도 그리움의 정서를 통하여 행복하기를 소망합니다.

세월의 강물 위에
그리움의 징검다리를 놓습니다.

그리움 하나에 징검다리 하나
그리움 하나에 징검다리 둘

그리움 하나에 징검다리 셋,

몇 개의 그리움을 더 놓아야
당신에게
다다를 수 있을지 모르지만

오늘도 그리움 하나를 떼어
징검다리를 놓습니다.

—「징검다리」 전문

윤명상 시인이 '당신'에게 이르기 위해서 얼마나 많은 '그리움의 징검다리'를 놓아야 할는지는 아무도 알 수 없습니다. 그러나 하루에 하나씩 그리움을 떼어 징검다리를 놓는다면, 머지않아 '당신'에게 이를 것 같습니다. 그의 정성과 사랑이 전해지면, '당신' 또한 감읍(感泣)하여 자신이 있는 곳에서부터 징검다리를 놓으며 다가올 터이기에, 언제인가는 서로 마주치리라 기대합니다.

때로는 시간을 멎게 하는 '그리움이라는 블랙홀'을 만날 수도 있겠지만, 행복하기를 간절히 소망하며 노래한다면 그 또한 이루어질 것입니다. 그는 화창한 하늘이 '그대의 미소'라면 좋겠다고 합니다. 미소를 보면 기분이 좋아지게 마련이고, 맑고 깨끗한 하늘로 미소를 보낸다면, 시인 역시 종일 행복할 것만 같다고 노래합니다. 이는 시인과 독자가 정서적 공감대를 이루고 싶다는 의중(意中)에 다름없습니다.

그리움과 사랑으로 빚어낸 작품만으로도 행복해 하는 윤명상 시인, 그는 그 작품이 자신만의 오롯한 독백(獨白)으로 남을지라도 아파하지 않을 것입니다. 그러나 〈답장 없는 편지를 / 가슴에 쓰고〉 있는 그를 위해 독자들이 박수로 화답한다면, 꺼져가는 불꽃을 되살릴 수 있을 것이고, 이는 시인의 창작 열정에 금상첨화(錦上添花)로 작용할 것입니다.

그는 더욱 행복한 시인이 되기 위해서라도 작품 창작을 쉬지 않을 것이며, 그로 인해 독자들과 폭넓은 공감대를 형성하리라 기대합니다.